essentials

Colja M. Dams · Stefan Luppold

Live Campaigns

Event-Kampagnen als Konzept einer wirkungsvollen Marketing-Kommunikation

Colja M. Dams
VOK DAMS Events GmbH
Wuppertal, Deutschland

Stefan Luppold
Duale Hochschule Baden-Württemberg
Ravensburg, Deutschland

ISSN 2197-6708   ISSN 2197-6716   (electronic)
essentials
ISBN 978-3-658-24434-7   ISBN 978-3-658-24435-4   (eBook)
https://doi.org/10.1007/978-3-658-24435-4

Die Deutsche Nationalbibliothek verzeichnet diese Publikation in der Deutschen Nationalbiblio-
grafie; detaillierte bibliografische Daten sind im Internet über http://dnb.d-nb.de abrufbar.

Springer Gabler

Springer Gabler ist ein Imprint der eingetragenen Gesellschaft Springer Fachmedien Wiesbaden
GmbH und ist ein Teil von Springer Nature
Die Anschrift der Gesellschaft ist: Abraham-Lincoln-Str. 46, 65189 Wiesbaden, Germany

Was Sie in diesem *essential* finden können

- Der digitale Wandel revolutioniert auch die Live-Kommunikation
- Nur Live-Kommunikation schafft ausreichend Vertrauen in Unternehmen, Marken und Produkte
- Erfolgreiche Kampagnen sind Live Campaigns
- Die wichtigsten Erfolgsfaktoren für Live Campaigns lauten:
    - Mehr Marken-Präsentation und Marken-Bewusstsein
    - Zusätzliche Reichweite, Kontaktdauer und Intensität
    - Starke Aktivierung begünstigt das Involvement
- Praxisbeispiele

Vorwort

Wenn ein Satz gegenwärtig mehr denn je Gültigkeit besitzt dann der, dass das Wissen von heute, morgen schon von gestern ist.

Chaos und Orientierungslosigkeit bahnen sich an. Leben im Hier und Jetzt ist okay, aber wie kann ich mich auf die Zukunft einstellen? Was ist morgen noch sicher, was stellt sich als reiner Hype heraus? Diese Unsicherheit hat auch das Marketing im Griff, vor allem da, wo die Kommunikation eine längere Vorlaufzeit benötigt. Ist genügend Mut vorhanden, um Neues auszuprobieren, auch wenn manche Maßnahmen nicht funktionieren? Nur ungern möchte man die Kommunikations-Herrschaft über Marke und Produkt in die Hände der User legen. Die Konsequenz ist letztendlich, dass ich kein Ziel mehr definiere – der Prozess wird oft wichtiger als das Ergebnis.

Wie kann ich Fake News erkennen? Was ist Werbung, was authentisches Produkterlebnis? Gibt es vielleicht doch eine Beständigkeit in der Markenwelt?

Nur das Kommunikationsmodell hat sich nicht verändert. Auch die Ziele nicht.

Wir diskutieren den Weg, wie wir zu dem Ergebnis kommen.

Und darum geht es auch in diesem Buch. Die agile und interaktive Auseinandersetzung mit Kommunikation.

Es geht um Marketing-Kommunikation mit dem Endziel, mehr Umsatz zu generieren und den ROI zu steigern.

Das Buch ist kein Ratgeber mit schönen Allgemeinplätzen, sondern aus der Praxis für die Praxis konzipiert. Eine lebende Diskussion soll zum gewünschten Ziel führen.

Nämlich dem Ziel, den eindeutigen Beweis anzutreten, dass die Kombination von Live und Online im Marketing nicht nebeneinander stehen, sondern in der sinnvollen Verbindung die Lösung für Marketing der Gegenwart und Zukunft sind.

Damit ist das WAS definiert – jetzt geht es um das WIE.
Die Beweiskette folgt einer klaren sachlichen Logik.

- Was bedeutet die viel zitierte digitale Transformation für das Live-Marketing?
- Welchen Einfluss haben immer wechselnde Trends auf das Konsumentenverhalten?
- Welche Bedürfnisse stehen hinter den Trends?
- Welches ist das erfolgreichste Kampagnen-Modell für erfolgreiches Marketing?
- Welche Voraussetzungen müssen Marketing-Player mitbringen?

Fragen, Fragen, Fragen – dieses Buch gibt Anstöße, formuliert Antworten, erklärt Zusammenhänge und tritt den Beweis an für den Erfolg in der gelebten Praxis.

Beginnen wir unsere Heldenreise und ziehen hinaus in die Welt der Kommunikation – das Land der Markenabenteuer.

Inhaltsverzeichnis

Über die Autoren

Colja M. Dams ist seit 1998 geschäftsführender Gesellschafter der VOK DAMS Agentur für Events und Live-Marketing, die sich seit Gründung im Jahr 1971 mit ihrem Leistungsangebot auf direkte, erlebnis- und ergebnisorientierte Marketing-Kommunikation spezialisiert hat. Der an der Universität Witten/Herdecke graduierte Diplom-Ökonom erkannte frühzeitig die Bedeutung der Internationalisierung der Branche sowie die Bedeutung der Nähe zu seinen Kunden und setzte daher auf vernetzte Strategien.

Dank seines Engagements hat die Wuppertaler Eventagentur mittlerweile weitere innerdeutsche Standorte in Berlin, Hamburg, München, Frankfurt und Stuttgart sowie Niederlassungen in Brasilien, Frankreich, UK, Spanien, Tschechien, den USA, China und Dubai aufgebaut.

Mit innovativen Ansätzen setzt er immer wieder neue Maßstäbe bei Events und Live-Marketing, die von VOK DAMS Strategic Solutions ständig am Puls der Zeit weiterentwickelt werden.

Prof. Stefan Luppold ist seit 2011 Professor an der staatlichen DHBW (Duale Hochschule Baden-Württemberg) Ravensburg; dort leitet er den Studiengang „Messe-, Kongress- und Eventmanagement". Zudem ist er Leiter des von ihm gegründeten Instituts für Messe-, Kongress- und Eventmanagement (IMKEM).

Von 2006 bis 2011 war er als Professor an der Karlshochschule International University, wo er den Studiengang „MEEC Management" (Meeting, Exposition, Event and Convention Management) verantwortete. Von 2007 bis 2013 lehrte er als Gastprofessor in Shanghai.

Zuvor war er fast zwei Jahrzehnte lang in internationale Projekte der MICE Branche eingebunden, darunter bei Messe- und Kongressgesellschaften, Stadien und Arenen, Kultureinrichtungen sowie den Veranstaltungsabteilungen wissenschaftlicher Verbände und Event-Agenturen. Neben Skandinavien und Großbritannien, wo Prof. Luppold unter anderem mit dem Royal Opera House in London und dem Fußballclub Manchester United arbeitete, war er für Kongresszentren in Südafrika und Sonderprojekte – wie etwa die Expo Hannover im Jahr 2000 – tätig.

Neben zahlreichen Buchbeiträgen und Fachartikeln ist Professor Luppold Herausgeber einer Fachbuchreihe, in der unter anderem die Bände „Mobile Messe Marketing", „Event-Marketing: Trends und Entwicklungen" sowie „Event-Marketing im Customer Relationship Management" erschienen sind. Als Mitherausgeber veröffentlichte er 2017 das „Praxishandbuch Kongress-, Tagungs- und Konferenzmanagement".

Grundlagen und Status quo der Corporate Communication

1.1 Herausforderung Digitale Transformation

Die Kommunikations-Branche steht genau wie ihre Kunden vor einem großen Umbruch. Stichwort ist hier „Digitale Transformation", die mit Herausforderungen wie Disruption, Industrie 4.0, Internet of Things und Big Data verknüpft ist. Dienstleister und damit auch Live-Kommunikations-Agenturen müssen hier Lösungen anbieten und entsprechende Arbeitsmethoden etablieren.

Es muss gelingen die Vorteile des Live-Erlebnisses mit den digitalen Lösungen so zu verknüpfen, dass ein neuer Mehrwert entsteht.

Der Trend zur mobilen Kommunikation bleibt natürlich ungebrochen.

Sie ermöglicht den erfolgreichen Einsatz von Event-Apps oder Augmented-Reality-Tools auf Veranstaltungen.

Als einer der großen Trends zeichnet sich das Thema intelligente Sprachassistenten ab. Künstliche Intelligenz wird das Guest-Management nachhaltig beeinflussen und radikal verändern.

Die Digitale Transformation aller Branchen bedingt noch flexiblere, effektivere und sehr schnelle Zusammenarbeit zwischen Kunde und Agentur.

Auf Dauer werden nur diejenigen Player im Markt überleben, die die richtigen Mitarbeiter haben und sich so den Unternehmen als passender Partner anbieten können, die den digitalen Wandel leben.

Geschwindigkeit, Experimentierfreude und Selbstverantwortung der Mitarbeiter sind eine direkte Folge der digitalen Transformation. Sie führen zwangsläufig zu einer höheren Motivation in der täglichen Arbeit. Das ist ein solides Fundament für sich schnell entwickelnde Marken- und Produktstrategien.

© Springer Fachmedien Wiesbaden GmbH, ein Teil von Springer Nature 2019
C. M. Dams und S. Luppold, *Live Campaigns,* essentials,
https://doi.org/10.1007/978-3-658-24435-4_1

Daneben werden natürlich auch technische Einzellösungen wie Event-Apps oder neue strategische Eventformate wie Co-Creation stärker in den Vordergrund rücken.

Ein entscheidender Faktor für den hohen Stellenwert von Live-Kommunikation im digitalen Wandel ist das Thema Vertrauen. Jede Kommunikations-Strategie muss auf Maßnahmen bauen, die Vertrauen schaffen. Ein klassischer Playground für die Live-Kommunikation.

Fazit
Der digitale Wandel revolutioniert auch die Live-Kommunikation.
Ein Live-Erlebnis muss sich mit webbasierter Kommunikation verbinden.
Digital Transformation verändert unsere Arbeitsplätze.
Nur Live-Kommunikation schafft ausreichend Vertrauen in Unternehmen, Marken und Produkte.

1.2   Trends und ihre Bedeutung für das Marketing

Trends beschreiben die aufkommenden Veränderungen in der Gesellschaft. Dies hat selbstverständlich auch Auswirkungen auf unser Kaufverhalten. Da Marken sich zusammen mit der Gesellschaft entwickeln (sollten), müssen Unternehmen die Trends kennen, denen ihre Zielgruppe folgt. So sind Marketingtrends nicht nur ein Abbild der gesellschaftlichen Trends, sondern zugleich Orientierungshilfe für Verbraucher.

Moment – mancher wird einwerfen, dass zunehmend Werte unser gesellschaftliches Verhalten bestimmen. Das ist richtig, allerdings haben Werte die unangenehme Eigenschaft, Allgemeinbegriffe zu sein und deshalb der Interpretation zu unterliegen. Denken wir an Werte wie Gesundheit, Liebe, Verantwortung und Engagement. Die konkrete Ausgestaltung dieser Werte im persönlichen Leben ist Interpretation und Aufgabe jedes Einzelnen von uns. Und hier kommen die Trends ins Spiel. Hier kann ich mich orientieren, weil ich mich so an Menschen orientieren kann, denen ich vertraue und deshalb folge.

Nicht umsonst haben die Teilnehmer in Social-Media-Plattformen so schöne Namen wie Friend, Fan oder Follower. Bedingt durch das Web kann ich heute extrem schnell an Informationen über aktuelle Trends kommen und außerdem sehen, wie viele Menschen diese Inhalte positiv bewerten.

Die Abgrenzung von Werte-Betrachtung und Marketing-Trends ist durchaus fließend zu sehen. Entscheidend ist, dass Gesellschafts-Trends ein übergeordnetes Verhalten beschreiben, wohingegen Marketing-Trends sich mit der Suche nach dem besten Weg, den Consumer zu gewinnen, auseinandersetzen. Hier geht es stringent und nüchtern um „Sale", um Umsatz und Marktanteil, egal wie schön verkleidet der Trend sich auch zeigt.

Der Trend zur Orientierung an Anderen hat starken Einfluss auf die Marketing-Kommunikation. Es stellt sich die Frage, in welchem Umfang die Handlung Anderer mein persönliches Handeln beeinflusst. Am bekanntest ist das Word-of-Mouth (WOM) Phänomen. Hier geht es um Mundpropaganda als persönliche Kommunikation und Wertung von Konsumenten über Unternehmen, Produkte oder Marken. Durch die webbasierten Kommunikations-Möglichkeiten hat dieser Trend extrem zugenommen. Vor allem die Social-Media-Plattformen sind Motor für die Verbreitung von Empfehlungen, Kritik, Produktbewertungen und Erfahrungsberichten. Dabei geht es nicht mehr um die Empfehlung oder Erfahrung eines Produktes, sondern um die der Marke selbst. Handelt ein Unternehmen aus der Sicht der Consumer nicht vor dem Hintergrund der allgemein anerkannten Werte, kann auch die Qualität des Produktes nichts mehr helfen. Gerade der Umgang mit sogenannten „Shitstorms" ist heute eine der wichtigsten Aufgaben des Marketings geworden und bietet noch eine Möglichkeit der Differenzierung vom Wettbewerb. Damit geht WOM heute noch einen Schritt weiter. Marken vereinigen eine Gefolgschaft hinter sich. Diese Gefolgschaft ist vergleichbar mit den Fans von Fußball- oder anderen Sportvereinen. Fans verzeihen, heißt es so schön. Manche Marken wie zum Beispiel Apple haben es sogar geschafft, ihre Gefolgschaft quasi zu Jüngern zu machen. Das ist WOM 2.0.

Hier fließen digitale Transformation, Trends und Live-Marketing ineinander.

Durch die modernen Medien und technischen Möglichkeiten wird es für den Consumer absolut unmöglich, die Wahrheit (Realität) von der Scheinwelt zu unterscheiden. Mag dies im Bereich der Werbung noch eher belächelt werden, dann sind die politischen Konsequenzen schon sehr kritisch. Seriöse Zeitungen beschäftigen heute Analysten, die nichts anderes tun als Bild- und Videobeiträge zum Beispiel aus Krisengebieten darauf hin zu überprüfen, ob der Ort echt und die Aktualität gegeben ist.

Für die Kommunikation bedeutet das: Was echt ist und was nicht, entscheidet jeder selbst und baut seine Argumentation darauf auf. Ein weiterer Schritt, um die Unterscheidung zwischen realer und virtueller Welt aufzuheben.

Wir werden diese Entwicklung nicht mehr zurückdrehen können und müssen daher andere Lösungen finden.

Letztlich wird darauf hinauslaufen, dass die persönliche Erfahrung wieder immens an Einfluss gewinnt. Gesichert wahr ist nur noch das, was ich mit eigenen Augen sehen und erleben kann. Ich muss mir also ein eigenes Bild machen.

Sie ahnen, worauf das hinausläuft. Nur die persönliche Kommunikation zwischen Menschen in einer Face-to-Face Situation kann eine gewisse Sicherheit geben, dass Erfahrung mit Marken und Produkten echt ist, also REAL und nicht FAKE.

Zusammenfassend kann man sagen, dass auch die neuen, innovativen Trends den Führungsanspruch der Live-Kommunikation bestätigen.

Die Zukunft heißt „Live".

Denn nur Live-Marketing kann Trends in der persönlichen Begegnung mit der Marke und dem Produkt evaluieren. Persönliche Erfahrung in der Begegnung entscheidet, welcher Trend sich durchsetzt und welcher sich als Strohfeuer herausstellt.

Damit haben Trends aber noch eine weitere wichtige Funktion für das Marketing – sie enthüllen uns die Bedürfnisse der Consumer. So haben wir die einmalige Chance, heute wesentlich näher an die Motive heranzukommen, die die Entscheidung für oder gegen ein Produkt bestimmen.

Fazit

Trends bestimmen unser Kaufverhalten.

Der Trend zur Orientierung an Anderen hat großen Einfluss auf das Marketing.

Die Wahrheit kann der Consumer nur noch in der persönlichen Begegnung mit der Marke und dem Produkt erkennen.

Live-Marketing ist die Zukunft des Marketings.

Trends enthüllen die Bedürfnisse der Consumer und ermöglichen zielgruppengenaues Marketing.

1.3   Die Bedürfnisse unserer Zielgruppen

Trends und Bedürfnisse bedingen sich gegenseitig. Trends zeigen Bedürfnisse unserer Zielgruppen. Und da die Erfüllung dieser Bedürfnisse der Erfolgsgarant für Kommunikation ist, lohnt hier eine nähere Betrachtung.

Aber zunächst wollen wir uns von einem Mythos verabschieden: Werbung erzeugt keine Bedürfnisse – sie kann nur latent vorhandene Bedürfnisse zum Vorschein bringen.

Also macht auch nur die Betrachtung vom Consumer her Sinn und nicht der Blick vom Produkt auf die Zielgruppe.

Nun sind Bedürfnisse gar nicht so vielfältig, wie wir vielleicht glauben. Blickt man etwas intensiver darauf, so zeigen sich sehr schnell zentrale Motive.

Aus der Betrachtung der Trends lassen sich für erfolgreiche Marketing-Kommunikation folgende Faktoren ableiten:
Authentizität, Relevanz, Emotion, Mehrwert und Weitererzählbarkeit.

Authentizität

„Wir sind eigenständig und individuell." Selbstbestimmung wird immer mehr das Ziel der Consumer ebenso wie die persönliche, vertrauenserweckende Ansprache.

Unternehmen sollten für eine offene Kommunikation bereit sein, wobei das natürlich auch Kritik bedeuten kann – besonders in den sozialen Medien. Doch nur dadurch entstehen Authentizität und Ehrlichkeit.

Wir sind es gewohnt, immer und überall zu kommunizieren und erwarten das auch von unserem Gegenüber.

Die Marke muss ihre Zielgruppen mit Authentizität locken und belohnen – nicht mit Hochglanzbroschüren. Wenn etwas geschönt ist, fällt das auf.

Die sogenannten „Digital Natives" schauen im Netz nach, was andere über ein Unternehmen und dessen Produkte berichten. Diese Generation ist mit dem Recht der Mitbestimmung aufgewachsen, aus der sich unweigerlich die Relevanz einer aktiven und authentischen Kundeneinbindung ergibt.

Relevanz

Die eigenen Bedürfnisse stehen heute bei jeder Zielgruppe im Vordergrund.

Wir fordern deshalb auch von Unternehmen und Marken stetige Entwicklung und klare Kommunikation. Wir streben auch nach Eigenständigkeit und Selbstverwirklichung. Wir suchen und suchen- und wollen uns nicht festlegen. Entscheidungszwang vs. Entscheidungsfreiheit hat eine hohe Relevanz.

Dabei fungieren wir nicht nur als Consumer, sondern stellen selbst eigene Inhalte zur Verfügung, sodass wir Prosumer werden (als Akronym aus Producer und Consumer).

Das Ziel, unser Leben selbst bestimmen zu können, ist uns besonders wichtig.

Erkennbar ist eine Renaissance von Werten und familiären Wurzeln. Familie, Freunde, Selbstverwirklichung, persönliche Freiheit, Work-Life-Balance und eine feste Partnerschaft sind mit großem Abstand die wichtigsten Dinge im Leben.

Nur wer diese Themen sinnvoll besetzen kann, wird erfolgreich mit seiner Zielgruppe kommunizieren können.

Emotion

Gerade die Kommunikation in den Social-Media-Kanälen hat gezeigt, wie wichtig Emotionen sind. Die drückt sich aus in Humor und Rührung, Nachdenklichkeit, Betroffenheit und auch Wut. Das volle Spektrum der Gefühlswelt wird genutzt.

Marken bedienen natürlich die positiven Gefühle, wobei besonders Humor in aktuellen Kampagnen das Mittel der Wahl ist, um Botschaften mit großer Wirkung zu verbreiten.

Hat da jemand Katzen- und Hundevideos erwähnt?

Dies gilt natürlich erst recht für die Live-Kommunikation. Wir wollen begeistert werden, möchten das ultimative Wow-Gefühl erleben – und das möglichst live und mittendrin.

Mehrwert

Eine Markenbotschaft oder -begegnung muss einen persönlichen Mehrwert bieten. Sie muss weiterbringen und dabei helfen, das Know-how zu vergrößern und damit das Image zu stärken.

Weitererzählbarkeit

Bedingt durch das Internet erleben wir gerade die wahrscheinlich sozialste Generation bisher, die im Virtuellen unglaublich viele Kontakte hat und dadurch manchmal im echten Leben Kontakte verliert.

Die Möglichkeit, weltweit zu kommunizieren ist erstmals möglich. Communities, Peer Groups und Netzwerke spielen eine herausragende Rolle. Dabei greifen wir gern auf persönliche Erfahrungen und Anekdoten zurück. Storytelling bleibt der beliebteste Kommunikationsansatz. Je besser und kompakter eine Story weitererzählt werden kann, umso erfolgreicher wird sie sich im Netz verbreiten.

> **Fazit**
> Die vielfältigen Bedürfnisse der Zielgruppen an Marketing-Kommunikation lassen sich in den Begriffen Authentizität, Relevanz, Emotion, Mehrwert und Weitererzählbarkeit zusammenfassen.
>
> Diese Bedürfnisse lassen sich ideal mit Live-Kommunikation befriedigen, da hier alle fünf Aspekte angesprochen werden und fester Konzeptbestandteil sind.
>
> So bieten Events die Möglichkeit, Content für die weitere Kommunikation besonders in den sozialen Netzwerken zu generieren.

Hybride Events als Ausgangspunkt für Live Campaigns

2

Wir haben über die Veränderung der Corporate Communication hin zu digitalen Kommunikationskanälen gesprochen – über die Möglichkeiten, mit diesen Kanälen die Reichweite unserer Marketingbotschaft extrem zu erweitern. Auf der anderen Seite erhebt das Live-Marketing einen Führungsanspruch im Rahmen einer Marken- oder Produktkampagne, da es einen sehr hohen Vertrauensanspruch formuliert und auch umsetzt. Was lag also näher, als diese beiden Kanäle miteinander zu verknüpfen und hybride Events umzusetzen – also die Kombination von Live-Erlebnissen mit webbasierter Kommunikation wie Apps, Social Media, VR, AR oder Location based Services (siehe „Hybride Events" aus der *essentials* Reihe).

Die Erfahrungen vieler Eventagenturen zeigen, dass der Anteil an hybriden Tools bei Veranstaltungen extrem zugenommen hat und weiter ansteigt.

In der heutigen Zeit ist es zur Herausforderung geworden, sich effektiv und effizient durch kommunikative Maßnahmen zu differenzieren und zu positionieren. Das RICHTIGE tun und das RICHTIG tun. Denn: Die Zielgruppe von heute ist zunehmend von den Scheinwelten der Werbetreibenden desillusioniert und hat gelernt, offensichtliche werbliche Kommunikation bewusst zu selektieren. Deshalb reicht es längst nicht mehr aus, Werbebotschaften ausschließlich im Rahmen klassischer 360°-Kampagnen zu vermitteln, um als Marke seine Zielgruppe nachhaltig zu erreichen. Auch um den sich stetig wandelnden Bedürfnissen der Menschen nach mehr Interaktivität, Emotionalität und Authentizität gerecht zu werden, gilt es bei der Entwicklung von Marketing-ideen und -strategien fortwährend neue Wege zu gehen, offensivere Initiativen zu ergreifen und durchdachte, transparente Kampagnenkonzepte zu entwickeln. Immer mehr Marken, wie beispielsweise Red Bull, Heineken oder Coca-Cola, bedienen sich dazu des Konzeptes des Content Marketings, das in der Tat immer mehr an Bedeutung gewinnt. So wird nicht mehr nur versucht, Produkte oder

© Springer Fachmedien Wiesbaden GmbH, ein Teil von Springer Nature 2019
C. M. Dams und S. Luppold, *Live Campaigns*, essentials,
https://doi.org/10.1007/978-3-658-24435-4_2

Dienstleistungen zu bewerben und zu verkaufen, sondern Consumer mit einem informativen oder unterhaltenden Mehrwert zu versorgen.

Es ist daher ein logischer Schritt, dass hybride Events und Live-Marketing Maßnahmen heute im Mittelpunkt von Kommunikations-Kampagnen stehen.

Erfolgreiche Kampagnen sind sogenannte Live Campaigns oder Event-Kampagnen!

Es ist nicht verwegen die These aufzustellen, dass eine erfolgreiche Markenkommunikation ohne Live Campaigns nicht mehr möglich sein kann.

Live Campaigns rücken das hybride Event nunmehr ins Zentrum der Kampagnenplanung. Damit hat ein Event nicht mehr nur die Funktion eines Mediums, sondern gleichzeitig auch die der Botschaft und des Content-Gebers. Dadurch wird das Event zur Information, die innerhalb aller anderen Kommunikationskanäle aufgegriffen wird.

So lösen wir uns von einer rein chronologischen Betrachtung – mit Vorfeld, Hauptfeld und Nachfeld eines Events – und sehen in einer neuen Topologie LIVE im Zentrum und Kanäle als Satelliten. Dies veranschaulicht die Abb. 2.1.

Fazit
Die regelmäßige Erhebung des Branchenverbandes FAMAB belegt, dass der Live-Kanal weiterhin an Bedeutung gewinnt.

Erfolgreiche Kampagnen sind Live Campaigns.

Erfolgreiche Markenkommunikation ist ohne Live Campaigns nicht mehr möglich.

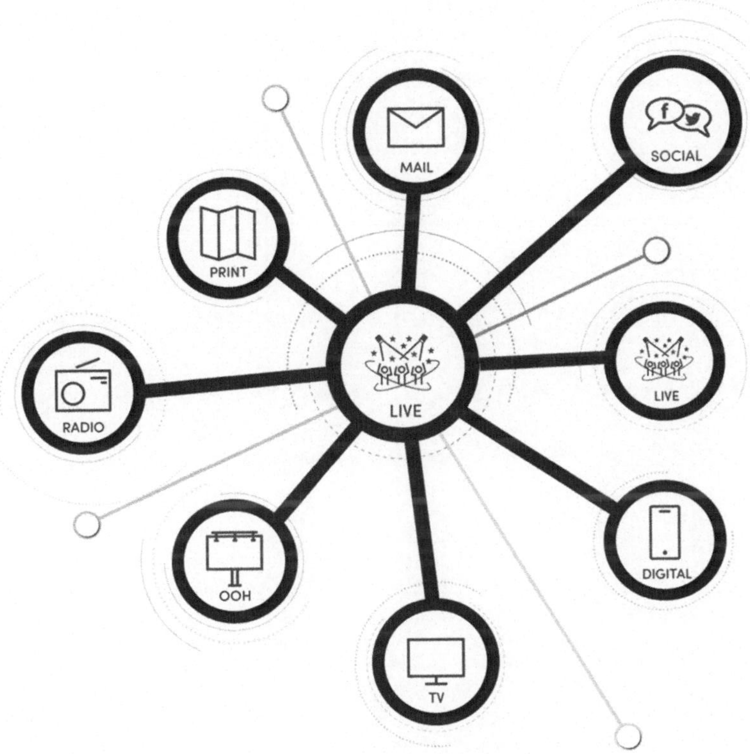

Abb. 2.1 Live im Zentrum und als Contentgeber für andere Kanäle einer Kampagne. (Quelle: VOK DAMS)

Von Kommunikations-Kampagnen zu Live Campaigns

3.1   Die Entwicklung zu Live Campaigns

> Die Zeit, als Marken nur in TV-Spots, Anzeigen oder Postern präsent waren, ist definitiv vorbei. Marken sind heute mediale Ereignisse und müssen informative, nützliche oder unterhaltsame Inhalte liefern (Baetzgen/Tropp, 2013).

Eine Analyse des aktuellen Live-Marketings zeigt, dass der viel zitierte Paradigmenwechsel in der Kommunikation längst stattgefunden hat. Und dies mit weitreichenden Konsequenzen für die Marketing-Kommunikation. Nicht mehr die absenderorientierten Botschaften der Marken- oder Produktwelt stehen im Vordergrund, sondern der Dialog mit den Zielgruppen.

Events werden zu Initiatoren von Content und gleichzeitig zum Erlebnisort für individuelle Ansprache.

Das muss Live-Kommunikation heute leisten.

Die Tatsache, dass Informationen nicht mehr nur rezipiert, sondern auch von den Rezipienten selbst produziert werden, wird durch die zunehmende Akzeptanz und Nutzung neuer Kommunikationskanäle verstärkt. Dass dadurch der Alltag der Menschen immer mehr von neuen, innovativen Kommunikations-Tools beeinflusst wird, ist offensichtlich. Mit der andauernden Erweiterung des Medienbouquets der Zielgruppen wird das Marketing permanent vor die Herausforderung gestellt, immer neue Bedürfnisse (der Zielgruppen) in ihren Kommunikationsmix zu integrieren und diese auch zu bedienen. Neben der steigenden Anzahl der Medienkanäle verändert sich ebenfalls die Art und Weise der Kommunikations-Nutzung. So verlagert sich die Kommunikation zunehmend auf mobile Endgeräte, was die bereits fortschreitende Digitalisierung des beruflichen wie auch des privaten Lebens immer weiter vorantreibt.

© Springer Fachmedien Wiesbaden GmbH, ein Teil von Springer Nature 2019
C. M. Dams und S. Luppold, *Live Campaigns,* essentials,
https://doi.org/10.1007/978-3-658-24435-4_3

Die Gesellschaft ist in den letzten Jahren zu einer komplexen Medienumgebung mit einer steigenden Zahl unterschiedlicher Kommunikationsräume geworden.

Aufgrund von Marktgegebenheiten und Gesellschaft entwickelt sich die Kommunikations-Politik immer mehr zum wichtigsten Teil im Marketing-Mix und zu einem strategischen Wettbewerbsfaktor. Kommunikation wird aber nicht nur wichtiger: gleichzeitig müssen sich kommunikationstreibende Unternehmen auch den genannten Veränderungen und allen daraus resultierenden Herausforderungen beim Versenden von Botschaften stellen; die Art und Weise der Kommunikation hat sich verändert, um den Ansprüchen einer modernen Mediengesellschaft gerecht zu werden.

Auch wenn sich die grundsätzlichen Kommunikationsprozesse dabei nicht verändert haben, so haben sich doch, wie bereits ausgeführt, die Kommunikationskanäle und die Verhaltensweisen der Menschen grundlegend gewandelt. Was das für die klassische Markenkommunikation bedeutet, soll anhand des Paradigmenwechsels der Kommunikation erläutert werden. All dies determiniert die Notwendigkeit einer Veränderung hin zu einer neuen Form der Kampagne, der Live Campaign.

Zur Erinnerung: Live Campaign bedeutet, ein Event oder eine Live-Marketing-Maßnahme in den Mittelpunkt einer Kampagne zu stellen und das Event oder die Maßnahme gleichzeitig als Contentgeber für alle Kommunikations-Kanäle zu nutzen.

Von der Push- zur Pull-Kommunikation

Die zunehmende Digitalisierung der Kommunikation führt auch dazu, dass der Rezipient mehr als je zuvor entscheiden kann, welche Informationsangebote er wahrnehmen und damit aufnehmen möchte. Wurden früher basierend auf dem Prinzip der Push-Kommunikation Informationen von einer Marke zu ihrer Zielgruppe getragen, so müssen sich kommunikationstreibende Unternehmen heute der Tatsache bewusst sein, dass Inhalte von den Zielgruppen nicht mehr nur passiv empfangen werden. Ganz im Gegenteil. Menschen machen sich zunehmend selbst auf die Suche danach. Dabei nutzen sie nicht nur die unzähligen zur Verfügung stehenden Suchmaschinen, um für sie interessante und relevante Inhalte zu finden. Gerne lassen sie sich bei der Zusammenstellung ihrer ganz persönlichen Informationspakete auch von den Inhalten inspirieren, die ihr Freundeskreis innerhalb sozialer Netzwerke teilt und diskutiert. Gerade weil Rezipienten zunehmend selbst aktiv entscheiden, was sie wann kommunizieren, wird es immer essenzieller, relevante und interessante Inhalte zu vermitteln und nicht mehr nur primär für Produkte oder Dienstleistungen zu werben. Zudem ist bei der Produktion darauf zu achten, dass sie online gefunden werden und prinzipiell in Sekundenschnelle verbreitet werden können. Interessant ist hier auch das Phänomen der Influencer, die es schaffen, mithilfe ihrer Performance auf Produkte aufmerksam zu machen und ihre Follower zum Kauf animieren.

Mit der steigenden Bedeutung der selbstständigen Informationssuche einher geht auch, dass nicht mehr nur ausschließlich die Medien die Agenda bestimmen, indem sie ausgesuchte Inhalte vermitteln. Häufig ist es auch die Community, also die Menschen selbst, die ein Thema publik machen. Das sollte von Unternehmen vor allem als Chance gesehen werden, um ihre Marke mit dem Thema sinnvoll zu verknüpfen, sie so ins Gespräch zu bringen und sich im Gedächtnis der Menschen zu verankern.

Von massenmedialer Einweg-Kommunikation zum Dialog
Während früher einzelne Transaktionen im Betrachtungsmittelpunkt des Marketings standen, liegt der Fokus moderner Kommunikationsstrategien auf dem Generieren langfristiger Beziehungen. Um solche Beziehungen zu entwickeln reicht es jedoch längst nicht mehr aus, seine Kunden mit unpersönlicher Massenwerbung anzusprechen.

Ganz im Gegenteil.

Es kristallisiert sich mehr und mehr heraus, dass es für eine Marke zum essenziellen Bestandteil in der Kommunikationspolitik wird, mit ihrer Zielgruppe einen interaktiven Dialog zu beginnen. Nur fernab von klassischer Einwegkommunikation können wieder die Aufmerksamkeit und das Interesse der Rezipienten gewonnen aber auch das Vertrauen in die Marke gestärkt werden. Marken müssen Rezipienten ihrer Inhalte deshalb nicht mehr nur als Botschaftsempfänger, sondern vielmehr als gleichgestellte Kommunikationspartner ansehen, die es in alle kommunikativen Aktivitäten möglichst kontinuierlich einzubinden gilt.

Die interaktive Einbindung bietet dabei nicht nur Vorteile für die Rezipienten. Auch die Marke profitiert davon, denn durch den unmittelbaren Kontakt zum Zielpublikum ergibt sich die Chance unverfälschter Einblicke in deren Präferenzen und Bedürfnisse. Alle so gewonnenen Details können dann wiederum im Rahmen kommunikativer Maßnahmen berücksichtigt werden und zu deren Erfolg verhelfen. Ziel der Dialogorientierung ist es somit, den Gedanken von Tante Emma wieder aufleben zu lassen, die bestens Bescheid wusste über ihre Kunden und ohne zu Zögern die Wünsche ihrer Besucher erfüllen konnte (zu Interaktion siehe auch Luppold (2018): User Conferences: Der Beitrag von Anwendertagungen zum Aufbau von Differenzierungs-, Positionierungs- und Identifikations-Potenzialen einer Marke).

Weiterhin müssen sich Marketingmanager und Kommunikationsexperten bewusst sein, dass sich der Dialoggedanke längst nicht mehr nur auf Social-Media-Kanäle beschränkt, sondern mittlerweile die gesamte Kommunikationspolitik tangiert. Weil sich Menschen daran gewöhnt haben, dass Kommunikation über alle Kontinente hinweg in Echtzeit funktioniert, wird es für Unternehmen zum strategischen Erfolgsfaktor, aktiv mit ihrer Zielgruppe ins Gespräch zu treten. Dabei gilt es einen Dialog über möglichst viele Kommunikationskanäle zu ermöglichen – in erfolgreichen wie in kritischen Zeiten – und sich als Marke transparent und unmittelbar an sein Zielpublikum zu wenden.

Für die Markenkommunikation bedeutet der Wandel von einseitigen (unidirektionalen) hin zu zweiseitigen (bidirektionalen) Kommunikationsprozessen auch, dass es für einen wirkungsvollen Dialog nicht ausreicht, sich als Marke nur auf seine eigenen Produkte zu fokussieren. Vielmehr gilt: Erst aufmerksam zuhören, dann die Interessen der Zielgruppe verstehen und daraufhin eine Kampagne mit einem zielgruppenrelevanten Thema lancieren. Damit verbunden ist, dass Kommunikation agil sein und schnell funktionieren muss.

> **Fazit**
> Der Paradigmenwechsel in der Marketing-Kommunikation hat bereits stattgefunden.
> Moderne Marken-Kommunikation geht vom Consumer aus.
> Marketing gibt wichtige Kommunikations-Anstöße – mehr nicht.

3.2   Live Campaigns – Status quo

Es geht nichts über das persönliche Erlebnis!

Wir beobachten, dass insbesondere aufgrund der Veränderungen, die Menschen im digitalen Kontext kennengelernt haben, heute selbstbewusster, selbstbestimmter und aktiver die Botschaften der Marken mitprägen, mitbestimmen und verbreiten. Deshalb

- muss der Kunde heute frühzeitig, bereits in der Konzeptionsphase, berücksichtigt werden;
- ist jeder Event heute quasi live und ständig mit der Welt verbunden und endet nicht mit dem Ende der Veranstaltung.

Jeder Event wird somit zu einer Kampagne. Und zwar nicht zu irgendeiner, sondern zu einer, in der ein direkter Dialog und das „Real-Time"-Element eine ganz besondere Rolle spielen – Live Campaign eben.

Live Campaigns sind Kommunikations-Kampagnen, bei denen sich das Event von einem Kommunikationskanal neben anderen Kanälen, wie beispielsweise Print oder TV, hin zum alleinigen Content-Geber und somit Epizentrum und Kommunikations-Kern der Kampagne entwickelt.

Live Campaigns heben damit das Event aus der Masse der Kommunikationskanäle. Sie erkennen, dass Events nicht nur Kanal, sondern gleichzeitig auch Content bedeuten: Events produzieren Inhalte, denn denkwürdige Ereignisse produzieren denkwürdige Bilder und Geschichten. Alle Inhalte (wie Fotos, Videos etc.) werden anschließend (sowie sofern möglich bereits im Vorfeld und während des Events) in alle anderen zielgruppenrelevanten Kommunikations-Kanäle distribuiert. Die Reichweite wird damit stark erhöht. Das Event steht so im Zentrum einer Kampagne und strahlt in alle Kommunikationsbereiche ab: Soziale Medien, PR, Fernsehen etc.

Grundlegende Einsicht: Ebenso wie die Markenkommunikation nicht mehr top-down verlaufen kann, sind auch Events keine einseitigen Veranstaltungen, in denen Kommunikationsinhalte top-down implementiert werden, sondern Kommunikationsanlässe. Sie sind nicht (nur) Kommunikationskanal, sondern (auch) Plattform. Sie sind damit ideal geeignet zur kollektiven Produktion hochwertigen Contents.

Es geht bei Live Campaigns nicht mehr nur darum, dass Events durch hybride Elemente ergänzt werden, sondern darum, dass das Event den Inhalt liefert, der dann in alle anderen Kommunikationsinstrumente weiterverarbeitet wird. Dennoch sind Live Campaigns immer auch mediengestützte Aktionen, da die auf dem Event generierten Inhalte über alle zur Verfügung stehenden, zielgruppenrelevanten Kommunikationsinstrumente emotional, interaktiv, auf die Zielgruppe abgestimmt und in redaktioneller, nicht werblicher Art und Weise, vermittelt werden.

Durch das Abschöpfen kollektiv produzierten Contents kann das Event zum Contentgeber für sämtliche Kanäle werden. Durch dieses Vorgehen übersetzt das Konzept der Live Campaign das des Crowdsourcing von der digitalen in die reale Welt.

Während beim Crowdsourcing Ressourcen von Menschengruppen meist in digitalen Prozessen abgeschöpft werden, schöpfen Live Campaigns Ressourcen von Menschen in der realen Welt ab: während ihrer Anwesenheit auf dem Event.

Live Campaigns haben das Marketing nachhaltig verändert.

Noch einmal: Informationen, die Menschen im digitalen Kontext kennengelernt haben, prägen, bestimmen, nutzen und verbreiten sie heute selbstbewusster, selbstbestimmter und aktiver.

Nachdem sich Hybrid Events und Live Campaigns fest in der Markenkommunikation etabliert haben, rückt nun ein Thema in den Mittelpunkt der Überlegungen, das man als „Simplexity" bezeichnen kann.

Damit gemeint ist eine Entwicklung, deren Ziel es ist, das immer komplexer werdende Marketing für den Konsumenten simpler zu machen. Oder anders ausgedrückt, geht es um die Fähigkeit des Verbrauchers „smart und schnell zu entscheiden", wie Trendforscher Peter Wippermann (Vortrag auf dem 11. Deutschen Trendtag 2006) es formuliert.

Sechs Beispiele für die veränderten Bedürfnisse unterschiedlicher Zielgruppe und Milieus beschreiben die Konsequenzen im Hinblick auf die Konzeption und Umsetzung von Events:

1. Smombie
   - Zusammengesetzt aus Smartphone und Zombie bedeutet, dass die Menschen jederzeit online sind.

   Konsequenz für Events: Digital Devices für Interaktion auf Events nutzen.
2. In a Click
   - Smartphone-Nutzer möchten sofort aktiv werden, wenn sie etwas interessiert.

   Konsequenz für Events: Die präsentierten Inhalte auf Events müssen in diesem Moment für die Zielgruppe verfügbar sein.
3. Need for Details
   - Jedes Detail kann sofort nachgeprüft werden.

   Konsequenz für Events: Exklusiver Content, der nicht sofort im Netz gefunden werden kann.
4. Schöpferdrang (Maker Spirit)
   - Menschen möchten heute gemeinsam Lösungen entwickeln.

   Konsequenz für Events: Gemeinsame Vertiefung der Inhalte auf Events.
5. Real Time Producers
   - Menschen werden zu Produzenten und teilen die Ergebnisse im Netz.

   Konsequenz für Events: Bereits bei der Konzeption des Events überlegen, welche „Big Picture" ich anbiete, das von den Gästen gepostet werden kann.
6. Authentic Ambassador
   - Marken bieten mit authentischen Inhalten die Möglichkeit, die Markenkommunikation von den Fans weiterentwickeln zu lassen.

   Konsequenz für Events: Nutzen dieser Ideen und animieren, neue Ideen zu entwickeln.

Aufgrund dieser Bedürfnisse, die im digitalen Bereich jederzeit eingelöst werden können, ist heute jedes Event eine potenzielle Live Campaign.

Fazit
Werbung ist endgültig out – Markenerlebnis ist in.
Live Campaigns bieten Interaktion und Zielgruppenorientierung.

Schlüssel- und Erfolgsfaktoren von Live Campaigns 4

4.1 Die Schlüssel-Faktoren

Fünf wesentliche Schlüssel-Faktoren definieren Live Campaigns:

Zielorientierung
Als Ziel von Live Campaigns steht die Stärkung der Markenidentität und das Herstellen eines interaktiven Dialogs zwischen der Marke und ihrer Zielgruppe im Vordergrund. Deshalb können Live Campaigns auch als Kommunikationsaktivitäten eines Unternehmens ohne Verkaufscharakter bezeichnen werden. Für die Vermittlung der Kommunikationsbotschaften und -inhalte bedeutet dies, eine emotionale, interaktive, auf die Zielgruppe abgestimmte und redaktionelle, nicht werbliche Aufbereitung.

Interaktion und Zielgruppenorientierung
Um dabei nicht mehr zwingend an unternehmensbedingte Kommunikationsanlässe gebunden zu sein, kreieren Unternehmen ihren Content mittels zielgruppenspezifischer Events zunehmend selbst. Erschaffen sie sich so ihre eigenen Inhalte, können diese individuell auf die Zielgruppe abgestimmt und im besten Fall sogar mit ihr in einem interaktiven Prozess produziert werden. So verschiebt sich der Fokus der Kommunikation vom Bewerben eines Produktes hin zum Kreieren eines gemeinschaftlichen Erlebnisses, das im Mittelpunkt der Kampagne steht (Beiträge zu Interaktion, Partizipation und Kollaboration finden sich in Bühnert | Luppold (2017): Praxishandbuch Kongress-, Tagungs- und Konferenzmanagement).

© Springer Fachmedien Wiesbaden GmbH, ein Teil von Springer Nature 2019
C. M. Dams und S. Luppold, *Live Campaigns,* essentials,
https://doi.org/10.1007/978-3-658-24435-4_4

Eigeninitiierung

Live Campaigns definieren ein zuvor recherchiertes Themenfeld, ein sogenannter Playground, in dem das Event stattfindet. Durch das Event im gewählten Playground können Marken eigeninitiierte Inhalte produzieren, die einen Mehrwert für die Zielgruppe aufweisen. Es handelt sich bei einer Live Campaign deshalb immer um ein eigens von der Marke in Szene gesetztes Thema und nicht um ein Sponsoring Event. Die freie Wahl eines Playgrounds hat daneben den Vorteil, dass das Event nicht mehr zwingend an einen produkt- oder unternehmensabhängigen Anlass gebunden ist, sondern die Marke solchen Content entwickeln kann, der produkt- und unternehmensunabhängig ist.

Zeitliche Unbegrenztheit

Eine Live Campaign ist nicht an einen festen Aktionszeitraum gebunden, sondern kann über mehrere Jahre erfolgreich eingesetzt und so zum dauerhaften Bestandteil der Unternehmenskommunikation genutzt werden.

Erlebnisorientierung

Der neue Trend im Live Marketing lebt unter anderem von der emotionalisierenden Kommunikation authentischer Inhalte. Authentisch wie das Wir-Gefühl.

Live Campaigns gehen noch weiter und rücken das Hybrid Event nunmehr ins Zentrum der Kampagnenplanung. Damit hat ein Event nicht mehr nur die Funktion eines Mediums, sondern gleichzeitig auch die der Botschaft und des Content-Gebers. Dadurch wird das Event zur Information, die innerhalb aller anderen Kommunikationskanäle aufgegriffen und weiterverarbeitet werden kann. Um das gesamte Potenzial von Live Campaigns nachvollziehen zu können, werden im folgenden Informationen dazu vermittelt, weshalb Live Campaigns eine Antwort auf die Veränderungen im Markt, in der Gesellschaft und in der Kommunikation sind. Darüber hinaus wird an konkreten Cases ebenfalls aufgezeigt, warum sich gerade Hybrid Events als Mittelpunkt und Content Geber künftiger Kommunikationskampagnen eignen und welche Vorteile sich bei der Umsetzung von Live Campaigns für die Marke bzw. für das gesamte Unternehmen aber auch für die Konsumenten ergeben.

4.2   Die Erfolgsfaktoren

Live Campaigns bieten durch die Kombination von dem kontaktintensiven Event auf der einen und der enorm vergrößerten Kontaktreichweite auf der anderen Seite besondere Vorteile für die Markenkommunikation:

Mehr Brand Exposure und Brand Awareness
Erfolgreiche Live-Kommunikation zielt immer auf die Festigung, Veränderung oder Erweiterung von bestimmten Denkmustern ab. Diese Muster bestehen einerseits aus gelernten Markenbotschaften (z. B. „Freude am Fahren", „Vorsprung durch Technik", „Mach dir Freude auf") und Produktwissen, andererseits aus dem Image und der ganz persönlichen Einstellung des Konsumenten gegenüber einem Produkt oder einer Dienstleistung.

All diese Botschaften, Image- und Einstellungsmuster bilden zusammen die so genannte (Brand) Awareness, das Markenbewusstsein. Es liegt in der Natur von Images und Einstellungen, dass sich diese nicht ad hoc verändern lassen, sondern als relativ gefestigte Vorstellungen vorliegen. Je gefestigter diese Muster sind, desto länger müssen neue Botschaften einwirken, um sich in das Markenbewusstsein zu integrieren.

Obwohl Live-Marketing heute das Kommunikationsinstrument mit der höchsten Kontaktintensität darstellt, ist die individuelle Einwirkungszeit der Markenbotschaften, die Brand Exposure, dennoch begrenzt. In dem virtuelle Kommunikationskanäle diese Einwirkungszeit künstlich verlängern, vermögen Live Campaigns diese Grenze von Raum und Zeit aufzubrechen.

Durch längere und intensivere Brand Exposure bei gleichzeitig gesteigerter Reichweite lässt sich so mit hybriden Eventstrategien kollektive Wahrnehmung für Marken und Produkte schaffen.

Zusätzliche Reichweite, Kontaktdauer und Intensität
Da sich der Einsatz von virtuellen Elementen nicht nur auf die Dauer des Events, beziehungsweise auf einzelne Phasen des Eventmarketings, beschränkt, können Live Campaigns die Reichweite und Kontaktdauer der Live-Kommunikation signifikant erhöhen. Sowohl soziale Netzwerke als auch mobile Applikationen können als ergänzende und vertiefende Maßnahmen den gesamten Eventprozess begleiten und neben höherer Reichweite auch zusätzliche Kontaktintensität schaffen.

Da die Kommunikation schon lange vor dem Event beginnt und auch im Nachhinein noch weiter fortgeführt werden kann, stärken virtuelle Elemente nachhaltig die Beziehungen zwischen Teilnehmer und Marke. Sie verlängern den individuellen Interaktionszeitraum und schaffen durch maßgeschneiderte Inhalte zusätzliche Wahrnehmungs- und Verarbeitungstiefe. Je länger und intensiver sich die Teilnehmer mit dem Event auseinandersetzen, desto positiver bewerten sie in der Regel auch das Event. Dies wirkt sich nicht nur positiv auf das Image der Marke aus, sondern ebenso auf die Teilnahmeabsicht an Folge-Events.

Starke Aktivierung begünstigt das Involvement

Durch zusätzliche Aktivierung vermögen Hybrid Events im Rahmen von Live Campaigns vielen Elementen der Eventinszenierungen zu mehr Involvement vonseiten der Teilnehmer verhelfen. Was ist damit gemeint?

Die Aktivierung der Teilnehmer ist für das Eventmarketing ein bedeutender Erfolgsfaktor. Sie beschreibt das innere Verlangen, etwas Bestimmtes tun zu wollen und ist die Grundlage dafür, dass sich Menschen mit einem Sachverhalt, einer Aufgabe oder einer Markenbotschaft gedanklich auseinandersetzen.

Fehlt die innere Aktivierung, so laufen auch keine weiteren kognitiven oder emotionalen Prozesse ab. Neugier, Nutzen, Spaß und Wertschätzung wirken in besonderem Maße aktivierend. Weckt etwas Interesse oder lässt sich darauf schließen, dass dem Teilnehmer durch sein Mitwirken Spaß, Nutzen oder persönliche Anerkennung in Aussicht gestellt werden, so steigt automatisch seine innere Aktivierung.

Hier offenbart sich das enorme Potenzial der hybriden Eventkommunikation.

In sozialen Netzwerken wie Facebook, Instagram oder XING liegt der Schlüssel zur Aktivierung in der Attraktivität eines Beitrags. Wirkt eine Statusmeldung, ein Bild oder Video für den Betrachter spannend oder nützlich, so wird er auch gleichzeitig empfänglicher für die Botschaft, die ihm vermittelt werden soll. Enthält diese Botschaft schließlich auch noch einen sozialen oder kommunikativen Mehrwert, der zum Weiterleiten oder Teilen anregt, so kann eine höchst wirksame Handlungskette in Gang gesetzt werden.

Im besten Fall zielt die Aktivierung direkt darauf ab, dass sich der Teilnehmer gedanklich mit einem Produkt oder einem Unternehmen beschäftigt und den betreffenden Inhalt positiv bewertet. Live Campaigns wecken das Interesse an Kommunikationsinhalten und sorgen dafür, dass die Teilnehmer aus eigenem innerem Antrieb heraus Wissen und Informationen sammeln, einen Kommentar hinterlassen oder den Inhalt sogar in ihrem Netzwerk teilen. Beim physischen Event können Aktivierung und Involvement zum Beispiel durch Event-Walls, mobile Applikationen oder Augmented-Reality-Anwendungen gesteigert werden. Durch sie können die Teilnehmer spielerisch eine völlig neue Dimension von Events entdecken, sich anonym in Abstimmungen oder Diskussionen einbringen, Einträge in digitalen Gästebüchern verfassen oder nach Belieben Inhalte suchen, nach Themen sortieren und abspeichern. Durch Tablet-PCs und Smartphones erhalten sie schnell und einfach Zugang zu allen virtuellen Elementen und können so ihr Erlebnis mit Event, Produkt und Marke nach eigenem Belieben vertiefen.

Hybride Eventbestandteile können insbesondere durch ihren anonymen und spielerischen Zugang zur Kommunikation enorme Aktivierung und Involvement bei den Teilnehmern hervorrufen.

Sie vermögen es, den gesamten Kommunikationsprozess eines Live-Events unterhaltsamer, spannender und somit auch nachhaltiger zu machen.

Generell gilt: Je mehr Involvement die Teilnehmer dem Event entgegenbringen, desto besser ist dies für den Erfolg der Live-Kommunikation. Live Campaigns leisten hier einen erheblichen Beitrag.

Fazit
Die wichtigsten Erfolgsfaktoren für Live Campaigns lauten:

- Mehr Brand Exposure und Brand Awareness
- Zusätzliche Reichweite, Kontaktdauer und Intensität
- Starke Aktivierung begünstigt das Involvement

Umsetzung von Live Campaigns 5

Da eine Live Campaign darauf abzielt, im Sinne des Content Marketings für die Zielgruppe relevanten und interessanten Content im Rahmen eines thematisch festgelegten Events zu produzieren, ist es wichtig, einen passenden Playground zu definieren.

In diesem findet das Event als Mittelpunkt der Live Campaign statt.

Ein Playground kann gleichgesetzt werden mit dem Begriff Themenfeld oder auch Spielwiese und wird definiert als ein abgeschlossener Kosmos, der nach eigenen Regeln und Gesetzen funktioniert und in dem ein Event stattfinden kann.

Dabei stehen die Menschen, die sich in einem Playground befinden und miteinander agieren, in einer bestimmten Hierarchie und Beziehung zueinander.

Weiterhin kann zwischen Mikro- und Makro-Playgrounds differenziert werden. Ein Mikro-Playground ist in sich geschlossen und eng gefasst. Er funktioniert nach eigenen Regeln und Gesetzmäßigkeiten. Jeder Mikro-Playground hat Abstrahleffekte d. h. sie beeinflussen sich gegenseitig. Innerhalb des Playgrounds gibt es eine aktive und eine passive Zielgruppe. Der Makro-Playground hingegen definiert sich als breites Themenfeld, das weitere eng gefasste Themenfelder (Mikro-Playgrounds) umfasst. Ein Beispiel wäre hier das Themenfeld Extremsport (Makro-Playground) und Windsurfing sowie Freeclimbing (Mikro-Playgrounds).

Vor der ausführlichen Recherche eines Playgrounds, gilt es zwei Aspekte zu beachten.

Erstens muss die übergeordnete Botschaft der Marke definiert werden, die kommuniziert werden soll. War diese bei klassischen Kommunikations-Kampagnen eher abhängig von produkt- oder unternehmensbezogenen Anlässen (z. B. von der Markteinführung eines neuen Produktes), so kann diese bei einer Live Campaign einen viel globaleren Anspruch haben.

© Springer Fachmedien Wiesbaden GmbH, ein Teil von Springer Nature 2019

C. M. Dams und S. Luppold, *Live Campaigns,* essentials,

https://doi.org/10.1007/978-3-658-24435-4_5

Zweitens gilt es, eine grundlegende Vorstellung davon zu entwickeln, wo eine Marke überhaupt aktiv sein will und auch aktiv sein kann. Dazu sollten die Ergebnisse der Analyse der eigenen Marke und der eigenen Positionierung nochmals betrachtet werden. Es muss klar definiert werden, mit welchen Emotionen und Assoziationen sich die Marke aufladen will.

Hierbei sollte die bereits aufgebaute Markenbekanntheit bei der Auswahl eines Makro- wie auch eines Mikro-Playgrounds berücksichtigt werden. Nur wenn ein Unternehmen eine völlig neue Marke etablieren will, kann der Playground unvoreingenommen und unter Berücksichtigung anvisierter Zielgruppen gewählt werden. Bei der Recherche eines Playgrounds gilt es dann zunächst einen oder auch mehrere passende Makro-Playgrounds zu identifizieren. Danach muss hinterfragt werden, welche spezifischen Mikro-Playgrounds sich im Makro-Playground letztendlich im Einzelnen für die Marke eignen.

Wird die Zielgruppe im Rahmen einer Live Campaign analysiert, geschieht dies nicht mehr In erster Linie auf Basis von verschiedenen Zielgruppentypologien. Diese können zwar nach wie vor genutzt werden, um die Zielgruppe innerhalb des Mikro-Playgrounds zu beschreiben. Das wichtigste Differenzierungskriterium bei der Identifikation der Zielgruppe von Live Campaigns ist jedoch das Involvement der Personen in den Mikro-Playground bzw. in das darin stattfindende Event. Dabei wird unter Involvement die persönliche Beteiligung bzw. das gedankliche Engagement und die damit verbundene Aktivierung, mit der sich jemand einem Sachverhalt oder einer Aktivität zuwendet, verstanden.

Es sollte dafür gesorgt werden, dass alle Stakeholder, also alle Anspruchsgruppen, berücksichtigt werden, die durch das Event tangiert und die mit ihrem Handeln selbst das Geschehen auf dem Event beeinflussen.

Weiterhin ist es wichtig, dass die definierten Teilzielgruppen der Live Campaign als Kommunikationspartner des Unternehmens und nicht nur als passive Botschaftsempfänger angesehen werden.

Phase 1: Plan

Bei einer Live Campaigns verändert sich das Eventkonzept hin zu einer vollwertigen Kampagnenkonzeption mit dem Event im Zentrum und als Motor der Kommunikation über alle relevanten Kommunikations-Kanäle.

Lag der Fokus bei bisherigen Eventkonzepten primär auf der Planung und Umsetzung einzelner Eventmaßnahmen, so ändert sich das bei der Planung einer Live Campaign. Zwar spielt hier ebenfalls die Planung einzelner Eventmaßnahmen eine Rolle, hinzu kommt jedoch, dass bei der Planung einer Live Campaign nicht nur ein Event, sondern auch die Weiterverarbeitung der dadurch generierten Inhalte geplant werden muss.

Vor der Detailplanung müssen zu allererst der zeitliche Ablauf und das Budget bestimmt werden. Dazu gehört das Timing der Weiterverarbeitung des generierten Contents.

Ein Abschlusstermin in dem Sinne muss bei einer Live Campaign nicht geplant werden, da ein anhaltender und zeitlich unbegrenzter Dialog mit der Zielgruppe gewünscht ist und darüber hinaus, die auf dem Event generierten Inhalte langfristig weiterverarbeitet werden sollen.

Da eine Live Campaign als Projekt durchgeführt wird, muss es darüber hinaus ebenfalls eine Budgetplanung geben. Hier geht es in einem zweiten Schritt darum, die Kosten für die Weiterverarbeitung der Inhalte zu kalkulieren.

Phase 2: Create

Bei der Umsetzung des Events im Rahmen von Live Campaigns wird diese zur Plattform für die verschiedenen Kommunikations-Ansätze und -Botschaften von Unternehmen und Marken.

Die Präsenz der Marke auf dem Event

Es sollte in jedem Fall vermieden werden, Hardselling auf dem Event zu betreiben, um dieses nicht offensichtlich als Werbung zu outen. Below-the-line, wie im kommunikationspolitischen Kontext Events meist verortet werden, bezieht sich hier auf die Wahrnehmung bewusst als nicht (vordergründiges) Verkaufs-Event. Nur dadurch kann erreicht werden, dass die Inhalte der Live Campaign von der Zielgruppe als relevant und überdies als glaubwürdig und authentisch wahrgenommen werden. Eine erhöhte Glaubwürdigkeit des Events und des generierten Contents erreicht ein Unternehmen darüber hinaus, indem das Engagement einen echten Mehrwert für die Teilnehmer aufweist, der ohne die Unterstützung des Unternehmens nicht zustande gekommen wäre.

Die Zielgruppe als aktiver Kommunikationspartner

Für den Kommunikationserfolg ist nicht nur die Qualität der Information, sondern auch die Qualität der Interaktion entscheidend. Dabei wird die Zielgruppe nicht mehr nur als passiver Rezipient, sondern als gleichgestellter Kommunikationspartner betrachtet.

Daher entwickelt sich besonders das Eventformat „Co-Creation" zum Favoriten der Markenkommunikation. Durch die interdisziplinäre Zusammenarbeit vor Ort und der Begleitung der Kommunikation im Web wird eine größtmögliche Interaktion innerhalb einer größeren Teilnehmergruppe über das Event hinaus möglich. Wichtig ist daneben sowohl bei der Durchführung des Events wie auch bei der Weiterverarbeitung der Inhalte eine bewusste und dauerhafte Integration von Feedbackkanälen.

Dadurch wird allen Teilzielgruppen die Möglichkeit gegeben, in den direkten Dialog mit der Marke zu treten, auch wenn sie nicht beim Event anwesend waren. Ferner dienen sie zusätzlich dazu, Raum für Gespräche innerhalb der Zielgruppe zu schaffen.

Die veränderte Eventberichterstattung

Grundsätzlich ist es für jedes Event von Bedeutung, dass die Besucher live berichten können und so das Erlebnis dokumentieren. Hier gilt es die veränderten Bedürfnisse der Zielgruppe zu berücksichtigen wie Smombie, In a Click, Need for Details, Schöpferdrang (Maker Spirit), Real Time Producers und Authentic Ambassador (siehe Abschn. 3.2).

Das besondere Erlebnis

Alles in allem geht es darum, das Event so durchzuführen, dass es für alle Teilnehmer des Events zum unvergesslichen Ereignis wird. „Taking part on the red bull storm chase is one of the most amazing things that ever happened to me. That's for sure. I will remember that on my life." So beschrieb Dany Bruch, Viertplatzierter des Events „Red Bull Storm Chase", seine Teilnahme an der von Red Bull organisierten Live Campaign in deren Zentrum ein Windsurfing-Contest stand, bei dem zehn Windsurfer bei starken Stürmen ihr Können unter Beweis stellten. Dieses Gefühl gilt es dann auf alle anderen Teilzielgruppen zu übertragen.

Phase 3: Distribute

Zur Umsetzung der Live Campaign gehört bereits die kontinuierliche Hinführung zum Event. Deshalb gilt es auch Content zu produzieren, durch den auf das Event aufmerksam gemacht wird. Dadurch lassen sich langfristig gesehen enorme Kosten bei der Distribution der Inhalte einsparen, da das die Zielgruppe selbst übernimmt.

Während des bekannten Red Bull Stratos Events wurden die Inhalte mittels einer Multi-Kanal-Strategie verbreitet. Dies war sinnvoll, da sich Interessierte über unterschiedlichste Kommunikationskanäle mit unterschiedlicher Intensität informieren konnten.

Aufgabe im Rahmen der Distribution der Inhalte in der Umsetzungsphase ist es also, alle auf dem Event entstandenen Inhalte (Fotos, Videos, Interviews etc.) entsprechend ihrer Relevanz für die Teilzielgruppe zu identifizieren und danach unter Beachtung der Funktions- und Wirkweisen der zielgruppenrelevanten Kommunikationskanäle und unter Berücksichtigung der jeweiligen Bedürfnisse der Teilzielgruppen aufzubereiten.

Merksätze

Die drei entscheidenden Phasen für die Umsetzung einer Live Campaign sind:

- Plan – definiere den Playground
- Create – das besondere Erlebnis für die Zielgruppe
- Distribute – kontinuierliche Hinführung zum Event

Wie sehr sich Live Campaigns bereits im Marketing durchgesetzt haben, zeigt ein Blick auf einige erfolgreiche und mehrfach ausgezeichnete Kampagnen.

BASF Creator Space™ tour – eine globale Live Campaign
BASF Creator Space™ ist eine eingetragene Marke, unter der BASFs Co-Creation-Strategie und die daraus abgeleiteten Maßnahmen gebündelt werden. Anlass des umfangreichsten Open-Innovation-Programms, das jemals von einem großen Unternehmen durchgeführt wurde, ist das 150-jährige Jubiläum des Konzerns. Es konzentriert sich auf die für die BASF strategischen Nachhaltigkeitsthemen Ernährung, Urbanisierung und Energie.

Idee/Konzept
Die Idee, in externen und internen Prozessen eine nachhaltige Zukunft zu „ko-kreieren", bildet eine Schnittstelle zentraler Kommunikationsthemen der BASF, wie z. B. der „We create chemistry"- Strategie und dem Markenkern „Connectedness". Creator Space™ dient dabei als teils reale, teils digitale Plattform zum Austausch. Hier diskutieren Branchenexperten über zentrale wirtschaftliche, umweltbezogene und gesellschaftliche Herausforderungen in den Themenbereichen Städtisches Leben, Energie und Ernährung. Das Ziel besteht darin, potenzielle Lösungen zu entwickeln, die BASF gemeinsam mit seinen Partnern am Ende des Jubiläumsjahres umsetzen kann. So werden aus innovativen Ideen potenzielle Projektvorschläge, die die Chance auf eine mögliche Startfinanzierung erhalten.

Ein wichtiger Baustein des Creator Space™ ist die Creator Space™ tour: Durch kreatives Design, die Einbindung von spannenden Impulsvorträgen sowie Kunst und Kultur unterstützt die Tour die durch BASF und ihre Partner geplanten

© Springer Fachmedien Wiesbaden GmbH, ein Teil von Springer Nature 2019
C. M. Dams und S. Luppold, *Live Campaigns,* essentials,
https://doi.org/10.1007/978-3-658-24435-4_6

Co-Creation-Aktivitäten. Sie zielt so darauf ab, Co-Creation-Prinzipien für alle Stakeholder greifbar zu machen.

Aufgabe

Die Erarbeitung eines Veranstaltungskonzepts, das ein global konsistentes Erlebnis ermöglicht und dennoch lokal adaptierbar ist, sowie die Realisierung des Konzeptes in den sechs Veranstaltungsorten Mumbai, Shanghai, New York, São Paulo, Barcelona und Ludwigshafen.

Lösung

Die Erarbeitung verschiedenster Co-Creation Formate sowie die Bereitstellung inspirierender Umgebungen, die Kreativität fördern und eine Lösung gemeinsamer Herausforderungen begünstigen.

Umsetzung/Realisierung

Co-Creation Formate sind flexibel: Egal, ob es sich um kleine, homogene Gruppen (wie eine Executive Conference) oder eine große offene Gruppe von Menschen mit unterschiedlichen Hintergründen handelt. Die verschiedenen Co-Creation-Formate wie Bootcamps, Makerthons oder Urban Think Tanks bieten passgenaue Kooperationsmöglichkeiten für jede Art von Teilnehmer. Für BASF wurden bei Co-Creation-Summits in Workshops, Vorträgen und Konferenzen neue Ideen für die Jubiläumsthemen gefunden. Für 24-h „Creatathons" oder „Makerthons" wurden die Veranstaltungslocations zeitweilig in einen Schlafräume umgewandelt. Kunstinstallationen kommentierten und komplimentierten, creative challenges warteten auf die Teilnehmer, ausgesuchte kulturelle Formate und Cinema-Veranstaltungen lockerten die mehrtägige Veranstaltung auf und Opening- sowie Closing-Zeremonien strukturierten und gaben Gelegenheit zum Netzwerken und Feiern.

Die einzelnen Standorte folgten dabei verschiedenen Fragestellungen und Schwerpunkten. Während in Mumbai nach dem Zugang einer sicheren und erschwinglichen Wasserversorgung gefragt wurde, wurden in Shanghai die Auswirkungen unseres Lebensstils auf unseren Planeten ergründet. In New York fragte BASF: Wie können wir die Wohnraumsituation in der Metropole New York in Zukunft verbessern? São Paulo beschäftigte sich mit der Vermeidung von Lebensmittelverschwendung. Und den Abschluss im Headquarters Ludwigshafen bildete die Frage: Wie können wir mehr Energie aus sauberen und erneuerbaren Energiequellen gewinnen und den Energieverbrauch senken?

Um diesen verschiedenen Anforderungen gerecht zu werden, wurde ein modulares Setup in Form von Workshop-Boxen entworfen, die an ganz unterschiedlichen Orten auf unterschiedlichste Weise aufgebaut und – unterschiedlich gruppiert – den lokalen Bedingungen angepasst werden konnten.

Integration/Vernetzung/Content
Die integrierte Kommunikation ist Kernbestandteil von BASFs Erfolgsstrategie. Zentral hier: die Information und die Mobilisierung von Zielgruppen, und ihre langfristige Bindung für eine nachhaltige Beziehung. Dies geschieht zentral durch das „Online Ökosystem" https://creator-space.basf.com/.

Creator Space™ online ist eine Community von Industrieexperten und Interessierten, die gemeinsamen Schlüsselprobleme der Gegenwart bearbeiten. Ebenfalls befasst mit den übergeordneten Jubiläumsthemen, bezieht sie viele ihrer Inhalte aus den Ergebnissen der Creator Space™ tour.

Die interaktive Online-Plattform ist also von beiden Seiten in die Tour integriert: Für die Bespielung des Kanals werden die Ergebnisse der Tour-Stopps genutzt und während der Tour-Stopps konnten auf großen Screens Entwicklungen des Online-Systems beobachtet und mit einbezogen werden. Mehrere tausend Teilnehmer tauschten sich online über ihre Ideen aus.

> **Fazit**
> Die Events bildeten die Höhepunkte des Creator Space™. Sie lieferten Content für die weitere Diskussion der Themen im Internet und verbanden so die Veranstaltungen zu einer Live Campaign.

Lamborghini – The Fastest City Takeover Ever
Ein einzigartiger Sportwagen mit einer rekordverdächtigen Fahrleistung voller Sportlichkeit und Eleganz sollte entsprechend seines Charakters gelauncht werden: Ein Erlebnis für die Gäste sowohl auf der Straße als auch auf der Rennstrecke war der Anspruch. Die Idee: „The Fastest City Takeover Ever!"

Konzept
Das Konzept sah eine Maximierung der Aufmerksamkeit für Marke und Produkt vor, sowohl vor Ort, als auch daraus folgend in der Presse. Startschuss der Aktivitäten in Miami war die offizielle Präsentation auf dem Ocean Drive, der „Flaniermeile der amerikanischen Autoelite". Mit einer Testdrive-Parade durch die Stadt zog der Roadster die Bewunderung Tausender auf sich und wurde nicht

nur zum Talk-of-Town, sondern auch zu einem Gesprächsthema weit über die Stadtgrenzen hinaus. Auf einem der meistbeflogenen Flughäfen der Vereinigten Staaten, dem Miami International Airport, ging es zum Hochgeschwindigkeits-experiment. Ein exklusives Highspeed-Duell der Spitzenklasse. Auf der Startbahn rasten mehrere offene Lamborghini Aventador Roadster vor einer Boing 777. Damit stellte der neue Sportwagen in einer einzigartigen Live-Demonstration seine extreme Leistung und außergewöhnliche Sportlichkeit unter Beweis. Über zehn Tage bestimmte Lamborghini die Straßen in und um Miami sowie den Flug-hafenverkehr. Jeden Tag zog es mehr und mehr Lamborghini-Fans und Paparazzi in die Stadt: „Verkehr lahmlegen einmal anders".

Die erste Ausfahrt des neuen Lamborghini Roadsters bedurfte eines außer-gewöhnlichen und gewagten Konzeptes mit absolutem Highspeed-Charakter, das eine Maximierung der Aufmerksamkeit für Marke und Produkt vorsah. Mit einer Parade durch die Stadt und dem exklusivem Highspeed-Duell auf dem inter-nationalen Flughafen Miami sowie weiteren über den gesamten Zeitraum ver-teilten Aktivitäten wurde der neuen Lamborghini Roadsters mit der Idee „The Fastest City Takeover Ever!" entsprechend der Marke und dem Produkt außer-gewöhnlich, mutig und innovativ inszeniert. So zahlte das Konzept voll auf die Idee ein. Auch, dass aus einem exklusiven Produktlauch für die 400 ausgewählten internationalen Lifestyle- und Automobiljournalisten und weltweiten Händler ein PR-Spektakel der Extraklasse entwickelt wurde war wesentlicher Bestand-teil des Konzeptes und unterstützte die Kommunikationsstrategie maximal. Die ausgewählten Gäste konnten das Produkt mit allen Facetten erfahren und die Marke und das Fahrzeug ausgiebig testen und erleben. Genauso wie die Tausen-den von Lamborghini Fans und Paparazzi ebenfalls voll auf ihre Kosten kamen. Beleg dafür ist das überwältigende Presseecho, die begeisterten Händler und die Auftragseingänge für dieses außergewöhnliche Fahrzeug, die bereits jetzt weit in Jahr 2014 hineinreichen. Genauso wie der reißende Absatz der Fashion- und Merchandising-Kollektion von Lamborghini, die in einem eigens für die Dauer der Veranstaltung errichteten Pop-Up-Store in der exklusiven Lincoln Road verkauft wurde.

Umsetzung/Realisierung

„The Fastest City Takeover Ever!": so sollte der neue Lamborghini Aventador LP 700-4 Roadster mehr als 400 internationalen Lifestyle- und Automobil-journalisten sowie Händlern in zehn Wellen in Miami präsentiert werden. Sie sollten auf atemberaubende Art und Weise seine Sportlichkeit und Eleganz auf Straßen und Rennstrecke erleben und erfahren.

Startschuss der zwei Wochen andauernden Aktivitäten war die offizielle Präsentation auf dem Ocean Drive in Miami Beach. Eine Flotte von Roadstern wurde auf dem Weg zum Miami International Airport (knapp 100.000 Menschen landen hier täglich) von einer Polizeieskorte und begeisterten Zuschauern begleitet. Dort angekommen, rasten mehrere Lamborghini Aventador LP 700-4 Roadster vor einer Boeing 777. Der neue Supersportwagens stellte damit eine einzigartige Leistung unter Beweis: er ist mit seiner Höchstgeschwindigkeit von 350 km/h deutlich schneller als die Startgeschwindigkeit der Boeing 777, die „nur" 290 km/h schafft.

Diese einmalige Inszenierung war das Ergebnis einer langen und intensiven Zusammenarbeit mit amerikanischen Behörden wie der „Federal Aviation Administration (F.A.A.)" und dem Bezirk Miami Dade. Die Herausforderung für Flughafenmanager war es dabei, den Flugbetrieb weder anzuhalten noch zu gefährden. Um die Südbahn für Lamborghini nutzen zu können, mussten auf dem meistbeflogenen Flughafen der Vereinigten Staaten die Flugzeuge auf drei andere Startbahnen verteilt werden.

Das Hotel W South Beach wurde zur exklusiven Basisstation für den Launch des Lamborghini. Insgesamt zehn aufeinander folgende Teilnehmergruppen reisten – back-to-back – für jeweils 36 h an. Jede Nacht unterhielt hier eine Modenschau der „Lamborghini Collezione" die Eventteilnehmer (ebenso wie auch die wohlhabenden und einflussreichen Hotelgäste). Jeden Morgen begleitete eine Polizeieskorte die internationalen Journalisten, Händler und VIPS vom Hotel zu der Rennstrecke in Homestead, wo die Teilnehmer die Fahrgeschwindigkeit des außergewöhnlichen Roadster, der von 0 auf 100 km/h in nur 3,0 s beschleunigt, in einem Hochgeschwindigkeitsexperiment ausgiebig testen konnten. Jeden Abend kehrten die Roadster mit ihren Fahrern auf einer malerischen Strecke durch Miami und Miami Beach ins W South Beach zurück – unter den begehrlichen Blicken von Lamborghini Fans und Paparazzi. „The Fastest City Takeover Ever!"

Integration/Vernetzung/Content

Der Produktlaunch des Lamborghini war stets als Bestandteil des Kommunikationsplans des 50-jährigen Markenjubiläums von Lamborghini vorgesehen. Zum einen stand die exklusive Präsentation des Fahrzeugs für die mehr als 400 internationalen Lifestyle- und Automobiljournalisten sowie weltweiten Händlern im Mittelpunkt der Veranstaltung. Zum anderen war aber auch die starke Präsenz der Marke und des neuen Roadsters durch die andauernden Aktivitäten in und um Miami, die offizielle Präsentation auf dem Ocean Drive sowie die Parade Magnet für unzählige Lamborghini-Fans und Paparazzi. Ein PR- Spektakel der Extraklasse.

Die starke Präsenz in der Region und in lokalen, nationalen und internationalen Medien sorgte zudem für hohen Absatz der Fashion- und Merchandising-Kollektion von Lamborghini, die in einem eigens für die Dauer der Veranstaltung errichteten Pop-Up-Store in der exklusiven Lincoln Road gekauft werden konnten.

Durch die Gesamtwirkung aller Einzelaktivitäten wurde die Presse- und Händlereinführung zum PR-Spektakel, das um die Welt ging. Es wurde zum „Talk-of-Town" und zog jeden Tag mehr und mehr Interessierte in die Stadt.

Die Berichterstattung, die begeisterten Händler und die Auftragseingänge für dieses neue Fahrzeug, die weit über den Zeitpunkt der Veranstaltung hinaus reichen, sprechen klar für sich.

Fazit

Hier handelt es sich um eine klassische Live Campaign mit dem Event (Launch des Lamborghini) am Anfang und als Contentgeber für die weiteren Kommunikations-Kanäle der Kampagne (Print, Social Media, TV, Radio).

BMW THE NEXT 100 YEARS

Die Jubiläumsfeier von BMW bietet ein hervorragendes Beispiel, wie ein Event als Contentgeber im Rahmen der Markenkommunikation eingesetzt werden kann.

Aufgabe

Die BMW Group wollte nicht nur ein Event, um ihr 100-jähriges Jubiläum gemeinsam mit Mitarbeitern und Partnern zu feiern, sie wollte auch ihre Position als Visionäre und Vordenker im Bereich der individuellen Mobilität im Premiumbereich verankern. Und dies auch für die nächsten 100 Jahre.

Das Event sollte daher BMWs Wandel von einem Unternehmen, welches das ultimative Fahrzeug herstellt (BMWs ausgesprochen erfolgreiche Markenpositionierung der letzten 10 Jahre) hin zu einem Unternehmen darstellen, das sich auf den ultimativen Fahrer und seinen mobilen Lebensstil fokussiert. Im Zentrum sollte eine Reise durch die Geschichte und die Zukunft von BMW stehen. Eine Storyline, die eine Anzahl von Wendepunkten in dieser ereignisreichen Geschichte hervorhebt.

Roter Faden der Storyline sollte die Synergie zwischen Mensch und Technik sein. Dabei sollten alle vier Marken der BMW Group (BMW, MINI, Rolls-Royce und BMW Motorrad) einen immanenten Teil der Story bilden und bestimmte Aspekte der Vision von BMW und der nächsten 100 Jahren der Mobilität betonen.

Neben den Marken sollte auch die Belegschaft aktiv einbezogen werden, denn ohne die Mitarbeiter wäre es nie möglich gewesen, das zu erreichen, was sie heute erreicht haben (und auch in Zukunft erreichen werden). Und mit Mitarbeitern meinte BMW tatsächlich alle Mitarbeiter: Von München bis Harare. Von Stahlherstellung bis MotoGP Pit. So sollten mehr als 130.000 Mitarbeiter Teil des THE NEXT 100 YEARS Events werden.

Kreation

Die Verbindung von Geschichte und Zukunft. 100 Jahre mobile Geschichte, die zu einer Vision für Mobilität in den nächsten 100 Jahren führt. In 12 Kapiteln wurde die Geschichte von BMWs bahnbrechenden Innovationen durch die Jahrzehnte zum Leben erweckt.

Vorgestellt vom deutschen Meistererzähler Rufus Beck umfasste die Geschichte 200 Jahre von BMWs Vergangenheit und Zukunft.

Die durchgängige Geschichte ließ das Publikum dank überragender Multi-Screen-Projektionen an Wänden, Decken und auf Fußböden in eine eigene Welt eintauchen (und verschaffte BMW damit einen Eintrag ins Guinness Buch der Rekorde). Gipfelnd in den Launch des neuen Konzeptfahrzeugs „BMW Vision Next 100", das die Vision BMWs für das ultimative Fahrerlebnis der Zukunft verkörpert.

Alle Showelemente waren nach dem BMW-Grundsatz „Die perfekte Harmonie von Technik und Ästhetik" kreiert und bezogen zugleich die Corporate-Design-Elemente aller Marken ein. Der coole Mini, der stilvolle Rolls-Royce, das schnittige Motorrad oder das BMW-„Gesicht" mit dem zweigeteilten, abgerundeten Kühlergrill. Gezielt wurden die markanten Designelemente in der Story mithilfe der Multiscreen-Projektionen sowie der Bühnengestaltung visualisiert und in die ganzheitliche Zukunftsvision integriert.

Ein Event, das BMWs Vision in den Köpfen der Öffentlichkeit, der Presse und der Mitarbeiter aus aller Welt verankerte. Ein spektakulärer Kick-off des BMW-Jubiläumsjahrs.

Realisation

In 12 individuellen Kapiteln nahm Meistererzähler Rufus Beck das Publikum mit auf eine spektakuläre Reise in BMWs Zukunft, die veranschaulichte, wie die Marken der BMW Group den zukünftigen Anforderungen des ultimativen Fahrerlebnisses begegnen werden.

Eine Geschichte, die dank hochpräziser Visualisierung mit mehr als 149 Projektoren und 27 Servern die Zuschauer in neue Welten eintauchen ließ. Auf einer 3400 m² Bühne und 2300 m² Projektionsfläche wurde mit einer Datenmenge von 105.400 Terabyte inszeniert.

Tänzer, Akrobaten und 50 BMW-Praktikanten sowie 27 Show-Autos und -Motorräder wirkten in perfektem Einklang mit der multimedialen Projektion und beweglichen Kugelleuchten zusammen und kreierten so ein atemberaubendes Showerlebnis. Mit einer eigens entwickelten kinetischen Deckeninstallation mit mehr rund 900 Moving Lights wurden die Bühnenaktionen von oben unterstützt und komplettierten die allumfassende Installation. Der Höhepunkt: die Weltpremiere des spektakulären „BMW Vision Next 100" Konzeptfahrzeugs.

Von der technischen Präzision über die emotionale, künstlerische Ansprache bis hin zum multimedialen WOW-Effekt: Ein perfektes Zusammenspiel des Besten, was die Live-Marketing Branche zu bieten hat (siehe hierzu vertiefend Graf | Luppold (2018): Even-Regie).

Integration/Vernetzung

Diese Veranstaltung war für BMW ausgesprochen wichtig, weil sie die Positionierung als zukunftsgewandter Mobilitätsanbieter glaubwürdig und anschaulich unterstrich. Die stringente Positionierung als Visionär war durchwegs spürbar und machte aus der 100-Jahr-Feier mehr als „bloß" eine Weltklasse-Show – mit ihr trat BMW den Beweis für diese Positionierung an. Dank der Liveübertragung an 130.000 Mitarbeiter (und an 13.000.000 User über BMWs Social Media Kanäle) wurde dieser Spirit und diese Haltung darüber hinaus in die ganze Welt getragen, sodass die gesamte Belegschaft stolz und hoch motiviert in die Zukunft des Unternehmens blickt. Gemeinsam mit einem begeisterten Vorstand und beeindruckten Teilnehmern. Eine Punktlandung in der Zukunft.

Fazit

Diese Live Campaign ist vergleichbar dem Lamborghini-Project. Die Veranstaltung stand klar im Mittelpunkt und generierte vor allem visuellen Content für die nachfolgende Marken-Kampagne.

SEAT Pressekonferenz Genfer Auto-Salon

Live Campaigns benötigen Content, der durch Events erzeugt wird. Dieser Content kann auch wie in dem Beispiel SEAT Pressekonferenz das „big picture" sein, das anschließend die Medienkanäle dominiert.

Aufgabe
Bei der Pressekonferenz von SEAT anlässlich des Genfer Auto-Salons galt es, die anwesenden Journalisten tief in die vom „Technology To Enjoy"-Slogan geleitete SEAT Markenwelt eintauchen zu lassen. Dabei sollten zwei ganz unterschiedliche Fahrzeuge mit ebenso unterschiedlichen Zielgruppen durch eine informative, emotionale und unterhaltsame Inszenierung vorgestellt werden – und das alles auf engstem Raum, in knappen 13 min und in harter Konkurrenz zu Dutzenden anderer Launches.

Produkt
Vorgestellt wurden der sportliche Leon Cupra, ein Hochleistungs-Kompaktwagen, der kurz zuvor einen Geschwindigkeitsrekord auf dem Nürburgring gebrochen hatte sowie der von dem Modelabel MANGO re-designte Mii – ein stylishes kleines Stadtauto mit primär weiblicher Zielgruppe.

Idee
Um die SEAT-Pressekonferenz deutlich aus der Masse hervorzuheben, den unterschiedlichen Produkten gerecht zu werden und den gegebenen Raum- und Zeitrahmen voll auszuschöpfen arbeitete VOK DAMS unter optimaler Ausnutzung der begrenzten Ressourcen und entwarf zwei distinkte Storytelling-Ansätze. Räumlich wurde durch einen an Stilikone Marilyn Monroe erinnernden Eyecatcher Aufmerksamkeit erzeugt, zeitlich der Geschwindigkeitsrekord des Cupra in Echtzeit re-inszeniert. Der Cupra wurde optisch beschleunigt, indem das übrige Stage Design in die extreme Zeitlupe verlangsamt wurde.

Umsetzung
Der Mii by MANGO wurde metaphorisch mit der Trägerin des berühmtesten Faltenrocks der Filmgeschichte verknüpft, Marilyn Monroe: Der gigantische weiße Faltenrock eines in 12 m Höhe unter der Decke schwebenden Models flatterte in einem gewaltigen Luftstoß nach oben und enthüllte in Anlehnung an die berühmte Szene, in der Monroe über einem Lüftungsschacht der New Yorker U-Bahn posiert, das re-designte Modell. Ein ebenso spektakulärer wie eleganter Reveal, der den Atem stocken und die Szene im Blitzlichtgewitter untergehen ließ.

Der sportlich-dynamische Cupra wurde in temporeichen 7 min 58 s und 44 ms inszeniert; der exakten Zeit des gesetzten Rekordes. In einer geschickten Performance konnte die erstaunliche Geschwindigkeit des Cupra auf den wenigen Quadratmetern des Messestandes hautnah erlebbar gemacht werden: Die Künstler bewegten sich im Zeitlupentempo – während der Cupra sich gefühlt rasant-sportlich auf der Bühne präsentierte. Ein dynamischer Reveal in Slow Motion.

Ergebnisse

Die primären Ziele – das nachhaltige Herausstechen aus der Masse der Ausstellungen, Journalisten zur Teilnahme und zur (positiven) Berichterstattung zu bewegen – wurden nicht nur erreicht, sondern deutlich übertroffen: Der SEAT Stand wurde zum Talk-Of-The-Fair des Autosalons und damit Contentgeber der gesamten Kommunikations-Kampagne.

Fazit

Bei dieser Live Campaign ging es vor allem darum, Big Pictures zu generieren, die mit den Marken verbunden wurden und so die Nachkommunikation dominierten.

Was Sie aus diesem *essential* mitnehmen können: Live Campaigns

Die Praxisbeispiele zeigen eindrucksvoll, wie zielgruppenadäquate Marketing-Kommunikation heute gestaltet werden muss, um eine Differenzierung im harten Marktumfeld von Marken und Produkten zu gewährleisten. Sie geben Antwort auf die entscheidenden Fragen, die das Marketing heute umtreiben und sicher auch zukünftig noch beschäftigen wird. In diesem Buch geht es nicht um eine Momentaufnahme der aktuellen Kommunikation. Der Anspruch ist weiter gefasst.

Er lässt sich in einem kurzen Satz subsumieren: „An Live kommt keiner vorbei!" Nun sind ja die Prinzipien eines Events nicht neu. Sie entstanden praktisch mit dem gesprochenen Wort in unserer Entwicklungsgeschichte. Als Marketing-Disziplin ist es allerdings ein eher junges Medium. Seit ihrer Entstehung als „Below-the-line"-Kommunikation in den späten 70er und frühen 80er Jahren hat diese Disziplin einen Erfolg, der seinesgleichen sucht. Die zunehmende Vergleichbarkeit von Produkten und die damit einhergehende Entfremdung des Konsumenten von der Marke gab der persönlichen Begegnung einen enormen Aufwind. Mit dem Siegeszug des Internets und speziell des mobilen Zugangs gewann die Marken-Kommunikation an Dynamik. Nicht mehr die Kommunikation „One-to-Many", die man in Tausenderkontaktpreisen messen konnte, steht im Vordergrund, sondern „Many-to-Many". Der mündige Konsument, der Prosumer wurden geboren.

Business-Kommunikation soll verkaufen helfen. Dies ist das vorrangige Ziel, dem sich andere unterordnen müssen. Daher wirbt jede Marke nicht nur um Aufmerksamkeit, sondern vor allem um Vertrauen. Und hier ist der entscheidende Ansatz für die Bedeutung von Live Campaigns. Die mediale Erweiterung durch onlinegestützte Kommunikation schafft die notwendige Aufmerksamkeit bei den Zielgruppen, das Live-Erlebnis mit all seinen emotionalen Möglichkeiten und

© Springer Fachmedien Wiesbaden GmbH, ein Teil von Springer Nature 2019
C. M. Dams und S. Luppold, *Live Campaigns,* essentials,
https://doi.org/10.1007/978-3-658-24435-4

Bestätigungsmechanismen formt die Vertrauensbasis. Gerade in Zeiten, wo der Manipulation von Aussagen keine Grenzen mehr gesetzt sind, wird die persönliche Begegnung mit der Marke unverzichtbar.

Live – das ist schnell, direkt, authentisch und ehrlich. Die Player auf diesem Kommunikations-Feld müssen entsprechend agil sein und die Komplexität von Kommunikation beherrschen – das ist die Voraussetzung.

Durch Live Campaigns wird das Eventmarketing neu definiert.

Diesen Herausforderungen müssen sich Unternehmen aber auch Agenturen stellen.

Also – machen, ausprobieren und erfolgreich kommunizieren!

Live Campaigns verändern gerade die Welt – und das ist gut so.

Literatur

Baetzken, Andreas, und Jörg Tropp. 2013. *Brand Content: Die Marke als Medienereignis.* Stuttgart: Schäffer-Poeschel.

Bühnert, Claus, und Stefan Luppold, Hrsg. 2017. *Praxishandbuch Kongress-, Tagungs- und Konferenzmanagement.* Wiesbaden: Springer Gabler.

Dams, Colja M. 2011. Hybrid events. In *Event-Marketing: Trends und Entwicklungen,* Hrsg. Stefan Luppold, 111–116. Sternenfels: Wissenschaft & Praxis.

Dams, Vok. 2012. *50 Jahre KommunikationDirekt – Entstehung und Entwicklung von Event- und Live-Marketing.* Wuppertal: Müller + Busmann.

Dams, Colja M., und Stefan Luppold. 2016. *Hybride Events – Zukunft und Herausforderung für Live-Kommunikation.* Wiesbaden: Springer Gabler.

Graf, Monika, und Stefan Luppold. 2018. *Event-Regie. Der spannende Weg vom ersten Konzept zur finalen Show – eine 360-Grad-Betrachtung der Live-Inszenierung.* Wiesbaden: Springer Gabler.

Luppold, Stefan. 2018. User Conferences: Der Beitrag von Anwendertagungen zum Aufbau von Differenzierungs-, Positionierungs- und Identifikations-Potenzialen einer Marke. In *Events und Marke,* Hrsg. Cornelia Zanger, 94–112. Wiesbaden: Springer Gabler.

Seth, Godin. 2011. *Tribes. We need you to lead us.* London: Piatkus Books.

VOK DAMS Institut für Live-Marketing, Hrsg. 2011. Hybrid Events – Innovationstrend im Live-Marketing.

VOK DAMS Institut für Live-Marketing, Hrsg. 2012. Hybrid boosting – Practice review.

VOK DAMS Institut für Live-Marketing, Hrsg. 2013. Hybrid events: Future report.

VOK DAMS Institut für Live-Marketing, Hrsg. 2014. Live campaigns.

© Springer Fachmedien Wiesbaden GmbH, ein Teil von Springer Nature 2019
C. M. Dams und S. Luppold, *Live Campaigns,* essentials,
https://doi.org/10.1007/978-3-658-24435-4

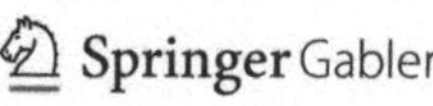